Un éloge de la fragilité

La collection *Le Monde en soi*
est dirigée par Denis Lafay

Dans la même collection :

Laurent Berger, *Au boulot ! Manifeste pour le travail*

Éric Dupond-Moretti, *Le droit d'être libre*

Étienne Klein, *Sauvons le Progrès*

Yves Michaud, *Aux armes, citoyens !*

Edgar Morin, *Le temps est venu de changer de civilisation*, illustrations de Pascal Lemaître

Alain Touraine, *Macron par Touraine*

Jean Ziegler, *Les murs les plus puissants tombent par leurs fissures*

www.editionsdelaube.com

ISBN 978-2-8159-3089-5

Un éloge de la fragilité

Denis Lafay

&

Gilles Boeuf
Bertrand Collomb
Bernard Devert
Cynthia Fleury
Alexandre Jollien
Axel Kahn

éditions de l'aube

Remerciements à

Diane Michenot, Marine Schreiber, Salomé Bidaux, Olle Eriksson, Romain Rioult et Charles Puybasset mobilisés dans la préparation du débat.

L'éloge de l'Autre

Pouvait-on trouver, pour explorer ce merveilleux thème de la fragilité, théâtre plus propice que la Ve édition des Rencontres capitales et scène plus spectaculaire que la grande salle des séances de l'Institut de France ? Nul doute que cet environnement à la fois grandiose et intime favorisa le partage, éblouissant, des connaissances, des expertises, des convictions, des cinq débatteurs réunis ce 8 avril 2018. *A priori* – et heureusement –, ces derniers évoluent dans des domaines très éloignés, *a priori*, donc – et malheureusement –, leurs interventions ici restituées auraient pu faiblement s'interconnecter les unes avec les autres, improbablement s'imbriquer les unes aux autres.

Et d'ailleurs, qui sont-ils ? Cynthia Fleury est philosophe et psychanalyste, enseigne à Mines-ParisTech, dirige les chaires « humanité et santé » du Conservatoire national des arts et métiers, et « philosophie » à l'hôpital Sainte-Anne. Bernard Devert, prêtre et chef d'entreprise, a fondé les mouvements Habitat et Humanisme, puis La Pierre angulaire, le premier au profit des mal-logés, le second, des personnes en fin de vie. À ce titre, il est l'un des acteurs les plus emblématiques de l'économie sociale et solidaire, ces structures employant 1 400 salariés et 5 000 bénévoles et ayant « porté soin » à plus de 25 000 personnes. Biologiste à l'université Pierre-et-Marie-Curie, ancien président du Muséum national d'Histoire naturelle de Paris, Gilles Boeuf est l'un des plus éminents spécialistes de la « planète vivante », et préside le conseil scientifique de l'Agence française pour la biodiversité. Bertrand Collomb, membre de l'Académie des sciences morales et politiques, a été président du groupe Lafarge, aujourd'hui marié au suisse Holcim.

Quant au généticien Axel Kahn, il a été aux commandes de l'Institut Cochin et de l'université Paris-Descartes.

Et d'ailleurs, que livrent-ils ? Cynthia Fleury, *notamment* détaille les particularismes de la fragilité psychique et les vertus du *care* – prendre soin d'autrui –, qu'elle met en perspective avec les règles du tout-visible, du tout-compréhensible, du tout-maîtrisable, mais aussi avec les injonctions productivistes et utilitaristes propres au système libéral et marchand ; Bernard Devert, *notamment* plonge dans l'intériorité la plus inaccessible des plus vulnérables – malades, pauvres, aînés –, qui nourrit sa foi, mais plus encore sa raison d'être et de faire ; Gilles Boeuf, *notamment* révèle les prouesses, stupéfiantes, que des sociétés animales comme celles des argus bleus, des abeilles, des fourmis, des chimpanzés, des seiches, déploient pour conjurer la fragilité de leurs plus faibles congénères – des prouesses synonymes d'inspiration et même d'enseignements précieux pour la communauté humaine – ; Bertrand Collomb, *notamment* somme les entreprises de briser les dogmes de l'invincibilité, de la toute-puissance, de l'héroïsation, par la faute desquels elles s'écartent de leur devoir d'humanité à l'endroit des personnes en situation de fragilité, et ainsi négligent une ressource mésestimée de… performance ; enfin Axel Kahn, *notamment* convoque sa propre situation de « fils de » – Jean, qui se suicida en 1970 – pour faire la démonstration qu'un événement d'une fragilité indicible peut constituer le levier d'une force phénoménale. Ce que tous *sont* et *livrent* pourrait donc ne pas faire spontanément symphonie. Et pourtant, quelle partition finale… !

Qu'est-ce qu'être fragile aujourd'hui ? La fragilité physique semble mieux maîtrisée au fur et à mesure que progresse la médecine. Mais d'autres fragilités, psychiques, psychologiques, affectives, demeurent aiguës, certaines même s'accroissent, d'autres encore se répandent insidieusement. La solitude, l'exclusion, l'absence de considération, la marginalisation forment une réalité, parmi d'autres mais incontestable, de l'époque contemporaine, que distingue la prédominance aliénante, et parfois despotique, du court-termisme, de la marchandisation, de la compétition, de la hiérarchie, de la virtualité, de la performance, qui elles-mêmes sacralisent le succès, la victoire. L'individualisme, de nouvelles formes de peur – celle notamment du déclassement social –, le rejet des différences, l'obligation de réussir coûte que coûte sous peine, sinon, d'être disqualifié, enfin la doctrine de la perfection, participent à confiner la fragilité à un fardeau. Parfois aussi à un poison, d'autant plus craint qu'on l'imagine contagieux. *Prendre conscience* de sa fragilité, *accepter* sa fragilité, *faire reconnaître* sa fragilité : il est sans doute en effet d'autant plus difficile d'y parvenir à une époque où gagner, conquérir, posséder, dépasser, constituent le lexique dominant.

Le contexte civilisationnel est sous le joug d'une double performance, humaine et technologique. Et dans cet environnement, considérer « la fragilité » – toutes les formes de fragilités : celle de l'Homme bien sûr, celle aussi de la faune, de la flore, de l'ensemble des espèces vivantes – est un sacré défi. Par « la fragilité », il faut signifier celle des plus vulnérables, mais surtout la part de fragilité que chacun possède au fond de lui, dans une intimité constamment mise à l'épreuve – dans sa famille ou au travail, à l'école ou dans son milieu social, par la maladie ou les accidents de la vie. Or nier la fragilité, nier sa fragilité et celle des autres, c'est en premier lieu se fermer à une incontestable réalité : n'est-ce pas dans nos fragilités que se nichent quelques-unes des plus belles altérités, certains des plus somptueux trésors – émotionnels, créatifs, relationnels –, et donc les raisons de croire que peut éclore une autre humanité ? Apprendre un petit peu mieux, même très modestement, à considérer la fragilité comme une ressource, une ressource pour se construire et pour bâtir ensemble autrement, une ressource aussi pour appréhender avec confiance les grands défis économiques, sociaux, sociétaux, environnementaux et même spirituels, ne serait-ce pas restaurer la possibilité de *solidarité* et de *fraternité* chère à Edgar Morin ?

Cynthia Fleury, Bernard Devert, Gilles Boeuf, Bertrand Collomb et Axel Kahn s'immergent et nous entraînent avec eux dans ce qui *les* et *nous* interroge au plus loin, dans notre chair et dans notre âme. Si à une possible dissonance redoutée au départ s'est imposée une aussi merveilleuse harmonie aboutissant à cette partition finale, c'est en premier lieu parce que tous adoptent un même postulat de base, une conception partagée du lien : le principe de *réciprocité*, signifiant que deux individus n'accèdent à leur pleine humanité que parce qu'ils s'humanisent l'un l'autre. Cette acceptation que le potentiel d'humanité se concrétise dans l'interaction – c'est-à-dire l'accueil, la considération, le soin de chaque autre – convainc que l'on *est* seulement lorsque l'autre, lorsque tout autre – c'est-à-dire toute espèce vivante composant la biodiversité – *est*. Le tissu de notre vie participe de cette « communion intense » qui lie chaque être humain à un autre, et donc est une condition du bonheur, rapporte l'auteur Alexandre Jollien – lumineux participant d'un autre débat des Rencontres capitales, et ainsi « invité » dans cet opuscule. Sans autrui, nous ne serions riches de rien, pauvres de tout. « Notre prochain nous éveille », complète ce quadragénaire atteint depuis sa naissance d'une infirmité motrice cérébrale. On est en joie quand cet autre est en joie, mais donc on reçoit, parfois on éprouve, surtout on veut panser la souffrance, la douleur, la vulnérabilité de cet autre momentanément ou durablement en fragilité. « La personne fragile possède une richesse déterminante pour la communauté : elle fait entendre ce qui signifie "être autre", et parce qu'elle "est autre", elle donne à chacun d'entendre "tout autre". Le fragile est compagnon de la vie », rapporte Bernard Devert. Ou comment l'accueil de la *fragilité de l'autre* invite à défricher ses *propres fragilités*, et ainsi d'une part à faire fructifier ses facultés, d'autre part à considérer ce qui doit être combattu collectivement : les germes et les conditions de la vulnérabilité, terreau d'*injuste fragilité*.

Cette fameuse éthique du *care* ouvre dès lors à d'infinis enseignements, qui dépassent le stade de la compassion ou de la commisération aux inspirations parfois ambiguës : la fragilité fait réciprocité entre celui qui l'endure et celui qui sait l'écouter, et de cette rencontre jaillissent des fulgurances qui fertilisent leur humanité respective. Gilles Boeuf le martèle : nous avons « fondamentalement, viscéralement », besoin de la fragilité pour se construire et construire ensemble. Cynthia Fleury l'assure : la fragilité et la vulnérabilité forment un « haut-lieu d'inventivité », elles stimulent non seulement pour nous mobiliser collectivement mais aussi pour penser, créer, rompre, disrupter afin de « trouver des solutions » ; ainsi elles exercent une fonction « essentielle » dans la résilience du vivant. Axel Kahn le démontre : ce qui fonde « réellement » la société, c'est sa capacité à prendre conscience qu'il lui revient de venir en aide aux citoyens qui en ont le plus besoin. Le souci de la fragilité est donc ce qui « justifie une société humaine », et, d'ailleurs « une société dont on s'efforcerait d'éradiquer la fragilité aboutirait aussi sans doute à l'éradication de la société ». Bertrand Collomb en est émerveillé : les bénévoles de l'association Astrée qu'il préside et qui s'emploie à accompagner des personnes en grande souffrance, ressentent, parfois même découvrent, dans cette rencontre avec la fragilité de l'autre, le sentiment, capital pour exister, d'« utilité ». Bernard Devert, porte-voix de Paul Ricœur circonscrivant « l'objet de la responsabilité » justement au « fragile », le clame : la fragilité *fait* et *est* lien, à partir duquel essaime « l'humanité des humains ». Imaginée et déployée à grande échelle – celle d'une famille, d'un quartier, d'une ville, d'une entreprise, d'une société, d'une civilisation –, cette humanité aussi puissamment colorée et espérée peut donc bel et bien faire ciment. Mais que d'embûches et de pièges entravent cette perspective... *Nombre d'entre eux* – même s'il serait vain d'espérer les égrainer de manière exhaustive – sont évoqués, soulignés, auscultés dans ces pages, et *chacun d'eux* sollicite la recherche d'une riposte spécifique, d'une parade appropriée. Toutefois, peut-être la pensée du philosophe et théologien dominicain Eckart von Hochheim auquel Alexandre Jollien fait référence propose-t-elle une approche holistique, un tuteur universel le long duquel les réponses peuvent s'agripper et s'étendre. Modelée il y a... sept siècles, elle exhorte à vivre délivré du « pourquoi », et donc à affranchir sa relation à l'*autre* des principes, tyranniques, de l'intérêt. Ainsi le prochain n'est plus considéré à l'aune du calcul, ainsi notre quête d'intériorité se dépossède des scories qui l'embarrassent jusqu'à l'atrophier, ainsi la gratuité reconquiert une légitimité aujourd'hui anéantie par la dictature de la cupidité, de la concurrence et de la suprématie, ainsi le goût et la bienveillance pour l'altérité refleurissent. Finalement, il s'agirait de se libérer des attributs du

« mauvais pourquoi » pour être tout entier dans l'exploration du « bon pourquoi ». De quoi, enfin, regarder la fragilité avec le *cœur* davantage qu'avec la *raison* ?

Denis Lafay

Denis Lafay. — Bernard Devert, « être fragile, c'est une source d'humanité », estimez-vous. Sur cette fragilité, vous portez les nombreux regards que le large éventail – spirituel, ecclésiastique, social, entrepreneurial – de vos responsabilités, de vos engagements, de votre expérience vous confère. Qu'est-ce qui définit *la* fragilité ? Et toutes les fragilités sont-elles source d'humanité ?

Bernard Devert. — J'ignore si « être fragile » est une force. En tout cas, c'est un levier pour parvenir à transformer une situation sociale au terme de laquelle trop d'hommes et de femmes sont des oubliés. Au fond, si nous sommes réunis ce jour pour débattre de la fragilité, c'est pour tenter d'entendre cette question, que trop peu sont disposés, ou se prêtent à accepter, à comprendre. Sommes-nous pour autant des cas isolés ? Non, heureusement. Lorsque nous nous mettons à entendre ce sujet si fondamental, et afin de le « comprendre », nous sommes invités à nous « rapprocher », et ainsi à abandonner un certain nombre de partis pris. Ce temps est celui d'une ouverture, d'une opportunité d'être tendu vers l'autre. Chaque fois que nous nous inscrivons dans une attention à la fragilité, nous sommes sommés de perdre un peu de nos certitudes et de nous diriger vers davantage de convictions. C'est précisément l'action d'Habitat et Humanisme qui tente, même trop modestement et insuffisamment, une réconciliation de l'humain et de l'urbain afin que la personne fragile ne soit pas marginalisée dans un « autrement », mais au contraire qu'elle trouve pleinement sa place *au milieu de*, *auprès de*, *avec* tout le monde. Il faudrait qu'existe un droit à la ville, parce que la personne fragile possède une richesse précieuse pour la communauté : elle fait entendre ce que signifie « être autre », et parce qu'elle est « autre », elle donne à chacun d'entendre tout autre, de considérer tout autre. Chaque personne fragile constitue naturellement une invitation à ne pas rester dans une forme de rêve ou de propos qui serait finalement sans lendemain, des mots vains parce qu'ils seraient sans levain, elle est une invitation à bâtir la réconciliation de l'économique et du social.

Denis Lafay. — Ces fragilités auxquelles vous vous confrontez dans votre quotidien professionnel et spirituel si protéiforme, comment questionnent-elles vos propres fragilités ?

Bernard Devert. — Il est impossible, me semble-t-il, d'accueillir la fragilité de l'autre si à un certain moment on ne consent pas à comprendre ses propres fragilités. En ma qualité de prêtre, lorsque j'étais aumônier du Centre anti-cancéreux Léon-Bérard de Lyon, j'ai accompagné un grand nombre de malades, et je les ai souvent entendus me confier, au seuil de leur vie : « Je suis passé à côté ». Mais à côté de quoi ? Précisément, d'une approche de la fraternité. Ce questionnement intérieur si profond, ces personnes ont fait bien plus que me rapporter ce qu'il suscitait au fond de leur âme : elles m'y ont exposé, elles m'y ont confronté, chacun de ces malades m'a obligé à interroger la véritable nature de ma fraternité, la réalité de ma fraternité. Et notamment à faire l'inventaire des obstacles qui conduisent, qui *me* conduisent à être en situation de distance d'avec l'autre.

Denis Lafay. — Cynthia Fleury, vous dirigez la chaire de philosophie à l'hôpital Sainte-Anne, vous êtes donc là au cœur de la fragilité psychique, psychiatrique. Cette fragilité vous semble-t-elle être l'une des plus délicates à faire reconnaître dans la société, cette société encalminée dans les règles du tout-visible, du tout-compréhensible, du tout-maîtrisable ?

Cynthia Fleury. — Il est difficile de répondre, et il n'est bien sûr pas opportun de « mettre en compétition » les fragilités. Il est toutefois incontestable que ce type de fragilité est quelque peu spécifique, car il convoque l'invisible. Une maladie psychiatrique n'est pas spontanément saisissable, elle est parfois difficile à identifier et à cerner, et donc cela génère beaucoup d'errance diagnostique. De plus, pour le malade, cela le renvoie à ce qu'il a de plus intime, de plus identitaire : le rapport à sa propre conscience. Cette situation, et de façon quasiment ontologique, est donc pour lui profondément déstabilisante – dans les cas de schizophrénie, il est fréquent que le patient exerce un déni ou un rejet de la réalité. D'autre part, ces maladies sont communément considérées comme complexes à soigner, chroniques, et même comme incurables. Enfin, nombre d'entre elles sont supposées faire obstacle à la socialisation, donc, aussi, à la productivité, à la rentabilité, à la contribution « économique » du malade à la collectivité. Le sujet se trouve alors comme dans un halo, il se sent ou est victime à la fois de lui-même et de la société, et à l'aune de ce contexte général, il peut être l'objet de réflexes le stigmatisant.

Denis Lafay. — Pensez-vous alors crédible et fondé de corréler l'apparition ou la propagation de certaines fragilités psychiques avec le modèle capitaliste, libéral, marchand qui dicte le fonctionnement du travail, de l'entreprise, des rapports humains, tout simplement de la société ?

Cynthia Fleury. — Dissocier les maladies psychiques des contextes sociaux, culturels et économiques, est assez insuffisant. L'analyse des psychopathologies doit pouvoir s'inscrire dans une psychodynamique. En revanche, tout, bien sûr, des maux « humains » actuels ne peut être mis sur le dos des règles actuelles, capitalistes et libérales. Des fragilités psychiatriques sont de l'ordre de la psychopathologie propre de l'individu et renvoient à des facteurs familiaux, génétiques et épigénétiques. Il est toutefois indéniable – et maints travaux de chercheurs et de penseurs le montrent – que chaque période historique, sociale, culturelle, économique, produit des pathologies spécifiques. La psychodynamique le prouve : ce qui est présenté comme étant une « folie », une maladie psychique ou psychiatrique, est souvent une réponse construite par l'individu concerné en réaction à son environnement.

Ainsi, autrefois, quantité de spécialistes expliquaient qu'il n'était pas possible de soigner un schizophrène en dehors de son environnement familial ; il fallait absolument saisir toute la parentèle pour comprendre pourquoi et comment s'était déclenchée la maladie. Prenons le cas, fréquent, de l'épuisement professionnel, ou de l'érosion de soi : un contexte devient toxique, chosifiant, réifiant l'individu, le niant dans son sujet, et celui-ci, en réaction à ce phénomène, tombe malade. D'ailleurs, c'est souvent parce qu'il est en bonne santé mentale qu'il va tomber malade, c'est là un signe tout à fait objectif de la toxicité d'une situation plus générale.

Denis Lafay. — Vous êtes très attachée à l'éthique du *care,* cette capacité de *prendre soin d'autrui* initiée dans les années 1980 par la philosophe et auteure américaine Carol Gilligan. Les particularismes de cet environnement capitaliste, libéral, marchand autorisent-il au *care* d'être reconnu et considéré, de pouvoir exercer un rôle ?

Cynthia Fleury. — L'éthique du *care* est promise à un avenir considérable. Son engagement originel est très féministe, mais depuis il a fait son chemin hors de cette contingence : l'éthique du *care* n'est plus spécifique aux femmes, réservée aux femmes, développée par les femmes, fort heureusement ! Elle est le « souci que l'on porte à autrui », et ainsi que l'a conceptualisé Joan Tronto, professeure de sciences politiques et auteure d'*Un monde vulnérable ; pour une politique du care* [La Découverte, 2009], cette éthique du *care* constitue la matrice de base de la société. Toute société est, à un ou plusieurs moments de son histoire, issue du *care*. Le monde était, à l'origine, inhabitable, il n'est devenu habitable que parce que, au fil du temps, les hommes ont construit des maisons, des écoles, des espaces de vie commune, bref parce qu'ils ont pris *soin* de ce monde.

L'éthique du *care* est cette interface, elle est l'attention que nous portons aux choses, aux êtres vivants, à tous les êtres vivants qui composent l'existence sur terre, elle est l'intelligence, la créativité, les sciences que nous dédions à cette cause si fondamentale. Étymologiquement, *care* et *cure* – la curiosité – partagent la même racine, et cette racine met en lumière celles et ceux qui s'emploient à être présents dans leur humanité.

Denis Lafay. — Axel Kahn, existe-t-il une lecture, une interprétation génétiques de la fragilité ? Fragilités innées et acquises s'imbriquent-elles, se nourrissent-elles, peut-être même peuvent-elles se soigner mutuellement ?

Axel Kahn. — La fragilité a des interprétations multiples. En premier lieu, nous devons nous résoudre à accepter que la fragilité fait partie de ce qui compose l'humanité. Le contraire de la fragilité, c'est l'invulnérabilité, la résistance absolue. Un être qui ne risquerait rien, qui n'hésiterait jamais, qui ne douterait pas, peut-il exister ? Et s'il existe, est-il véritablement humain ? Commencer à réfléchir, c'est créer un élément de fragilité ; mais ne pas réfléchir, c'est évidemment se rendre extraordinairement fragile en ne connaissant pas la complexité du monde auquel on se confronte au quotidien. S'il est donc admis que la fragilité est le contraire de l'invulnérabilité, il existe une lecture génétique. Il n'y a pas d'invulnérabilité génétique, en revanche il existe des caractéristiques génétiques qui vont augmenter la vulnérabilité. Cela constitue d'ailleurs l'une des bases importantes de nos connaissances sur les gènes quant à la prédisposition à des maladies. L'immense majorité d'entre elles possèdent une composante génétique ; deux individus n'ont pas la même fragilité pour développer une tuberculose ou le sida, une schizophrénie ou une psychose maniaco-dépressive, etc. Les gènes ne codent pas un destin, bien sûr, mais ils déterminent les propriétés et ainsi vont influencer le niveau de fragilité – et, symétriquement, celui de résistance. L'humanité est riche de ses propriétés, dont la fragilité est l'une des composantes.

Denis Lafay. — L'un de vos récents ouvrages, *Jean, un homme hors du temps* [Stock, 2017], fait le portrait de votre père. En 1970, vous êtes interne à l'Hôtel-Dieu lorsqu'on vous apprend que ce brillant enseignant et philosophe âgé de seulement cinquante-quatre ans vient de se suicider. Le suicide, qui peut être un choix réfléchi, est-il nécessairement, est-il obligatoirement la manifestation d'une fragilité ? D'avoir un père qui décide d'un acte aussi indicible vous a-t-il lesté, alors que vous n'aviez que vingt-six ans, d'une fragilité soudaine, particulière, et surtout définitive ? De cet indicible, peut-être avez-vous extrait des trésors ?

Axel Kahn. — Il n'existe aucune contradiction entre deux réalités : le suicide peut être un choix réfléchi et il est toujours l'indice d'une fragilité. L'un et l'autre. Jean Kahn emprunte le train pour

Le Havre le 17 avril 1970, il a pris la décision d'arrêter le voyage de sa vie, de se jeter du wagon. Peut-être ce grand intellectuel acte-t-il que le monde réel qu'il est obligé d'habiter ne lui laisse plus la place à laquelle il aspire, et que face aux hésitations qui l'assaillent, il faut en tirer les conséquences. Il s'agit donc d'une décision mûrement réfléchie ; mais de manière tout aussi indiscutable, si sa réflexion l'amène à considérer que le monde ne correspond plus à ses attentes et à ses dispositions, c'est qu'il est trop fragile pour ce monde. De plus, qu'en eût-il été – alors même que sa détermination était entière – s'il avait rencontré sur le seuil de la gare Saint-Lazare son plus jeune fils Axel ? On peut imaginer qu'il lui aurait annoncé sa décision, et alors son fils lui aurait répondu : « Papa, c'est ta liberté, et je ne veux pas y attenter. Mais on n'est pas libre lorsqu'on n'est pas totalement informé. Alors je vais te dire : nous t'aimons infiniment, ton acte va nous déchirer et même nous désespérer. Es-tu certain qu'il n'existe pas d'autres alternatives à ton mal-être ? » Son geste final est évidemment la manifestation d'une fragilité, et aussi d'une contrainte : elle résulte du fait qu'il a manqué quelqu'un, une personne, une rencontre à un moment donné pour accroître ses degrés de liberté, pour lui démontrer qu'il avait encore le choix de vivre alors que, sur l'instant, il n'en voyait pas d'autre que mourir. Dans cette lettre qu'il me laisse juste avant de se jeter du train, il m'invite à être « raisonnable et humain ». On le saisit donc bien : son acte a constitué, pour moi, un élément de fragilité indicible, mais aussi un levier de force inimaginable. Oui : inimaginable. Toute ma vie, j'ai bénéficié d'un fil d'Ariane, de cette exhortation à cheminer de manière *raisonnable* et *humaine*. Bien sûr, tout n'a pas été simple et limpide, mais j'avais la chance, inouïe, d'être guidé vers un destin. Je suis l'exemple que la fragilité peut renforcer.

Denis Lafay. — Cynthia, Axel fait référence à l'invulnérabilité. Quelle distinction sémantique faut-il établir entre fragilité et vulnérabilité ? Peut-on résumer la première à un *caractère* – une disposition endogène – et la seconde à une *exposition* – une disposition exogène ?

Cynthia Fleury. — Être vulnérable implique étymologiquement d'être blessé, sous-entendu par un élément extérieur. Il y a là « quelque chose qui se joue avec l'autre ». Pourtant, beaucoup vont parler d'une vulnérabilité ontologique de l'homme, à savoir la finitude : jusqu'où la mort est-elle humaine est une vraie question… Donc la différence est ténue : logiquement, la fragilité convoque un état intrinsèque, qui peut ne pas être conditionné auxdits éléments extérieurs. Mais le débat peut s'avérer vain : l'important est de comprendre qu'il n'y a pas vulnérabilité et fragilité d'un côté, et autonomie de l'autre. Il y a des traversées pour tous de la vulnérabilité et de la fragilité, et, par ailleurs, des constructions sociales qui les renforcent, ou à l'inverse les amenuisent.

Denis Lafay. — Gilles Boeuf, vous étudiez les sociétés vivantes non humaines, celles qui peuplent les océans, les mers, l'air, les arbres, les sous-sols. La fragilité humaine et la fragilité des autres espèces vivantes composant la biodiversité sont indissociables. La société des hommes pourrait s'inspirer des fructueux enseignements, parfois même des leçons que certaines sociétés non humaines nous exposent.

Gilles Boeuf. — Pour aborder ce sensible sujet, il faut revenir au préalable au « non-humain ». J'ai présidé pendant sept ans le Muséum national d'Histoire naturelle de Paris, où nous archivons une partie des un peu plus de deux millions d'espèces vivantes connues. Bactéries, protistes (grosses cellules à noyau, phytoplancton de l'océan – ce dernier groupe livre des centaines de milliers de nouvelles espèces), champignons, plantes, animaux. Toutes ces études indiquent que la notion de fragilité, le sens que nous conférons au mot, sont très relatifs. Prenons l'exemple de l'argus bleu. Ce papillon très présent dans nos champs a choisi un mode de reproduction incroyable. La femelle pond dans une fourmilière. Les fourmis dévorent tout ce qui pénètre dans leur antre. Alors, pour les leurrer et donc échapper à ce funeste destin, la femelle papillon se drape de l'odeur des fourmis. La larve puis la chenille se développent donc, protégées par les fourmis qui font rempart aux prédateurs. Mais reconnaissons qu'il s'agit là d'une situation tout de même très fragile ! Car lorsque la chrysalide fait place à l'éclosion du papillon, celui-ci n'a que quelques secondes pour s'envoler avant que les fourmis ne s'en gavent… C'est une preuve, parmi bien d'autres, qu'une espèce « apparemment » très fragile peut posséder une force de résistance incroyable.

Cynthia le rappelait : les femmes sont apparemment plus fragiles, or leur capacité de résistance aux situations dramatiques est incomparablement supérieure à celle des hommes. Pourquoi des espèces vivantes *en apparence* soumises à des cycles de développement extrêmement compliqués et vulnérables, survivent-elles à celles *en apparence* bien mieux armées ? L'invulnérabilité à laquelle Axel fait référence m'invite à évoquer le cas du lion. Rien, à part des pathologies infectieuses, ne peut détruire un lion adulte sur son territoire… Dans le film *Félins* [2012, réalisé par Alastair Fothergill et Keith Scholey], quelques lions adultes ne parviennent-ils pas à terroriser une partie entière de l'immense Serengeti tanzanien ? Or, pourtant, la probabilité de survie des lions n'est pas plus élevée que celle des impalas qu'ils chassent et dégustent avec gourmandise. Et la savane sera toujours plus peuplée d'impalas que de lions… simplement parce que le cycle naturel est parfaitement organisé.

Denis Lafay. — Preuve, là encore, que ce qui nous semble être *réellement* fragile ne l'est jamais qu'à nos seuls yeux d'humains. Le *vrai* fragile n'est pas toujours le *plus* fragile, celui qui se croit invulnérable est loin d'être exempt de fragilité…

Gilles Boeuf. — Cet enseignement est l'un, parmi bien d'autres, de ceux que nous font partager les sociétés non humaines.

Axel l'évoquait avec force raison, toute espèce vivante trop sûre de sa force, convaincue de son invulnérabilité, est éminemment… vulnérable. Elle s'expose à des risques considérables et est même promise à une mort rapide, quels que soient ses atouts physiques. Pour vivre longtemps, il faut accepter un peu d'intranquillité, un « degré raisonnable de peur ». Toute espèce vivante dépourvue de peur est condamnée. Nombre de sociétés non humaines l'ont bien compris, nombre d'hommes feraient bien de le comprendre…

Les sociétés de fourmis ou de termites sont régies par des organisations pointues qui savent considérer et même tirer profit des faiblesses de certains. La société des abeilles est, à ce titre, exemplaire, notamment en matière de transmission des savoirs – qui constitue l'une des voies pour donner le plus d'utilité aux espèces qui déclinent rapidement avec l'âge. Les abeilles, dotées de quelques neurones, ont une espérance de vie d'environ trois semaines. Les plus anciennes, par nature sont plus fragiles, mais elles sont réputées avoir accumulé le plus de connaissances ; par une sorte de danse, elles enseignent aux plus jeunes les chemins qui mènent aux plus fructueuses moissons. Autre exemple – rapporté par des documentaristes de la BBC – d'une *fragilité supposée* commuée en *redoutable force* : deux mâles de seiches se battent pour conquérir le cœur de femelles, tapies dans un coin. Surgit alors un tout petit mâle. Les seiches ont le pouvoir de changer de couleur très rapidement. Celle qui nous intéresse adopte la couleur des femelles, se faufile incognito au milieu de la collectivité, se dirige vers le groupe des femelles qu'elle féconde les unes après les autres… ! Qui va transmettre ses gènes ? L'élément fragile, en l'occurrence ce petit mâle de seiche. Parce qu'il est malin, conscient de sa vulnérabilité, mais armé pour y faire face par son comportement. Les deux colosses mâles qui se croient invincibles ont fait moins bien.

Denis Lafay. — Les propriétés du *care* auquel Cynthia fait référence n'ont pas encore pleinement convaincu.

Souvenons-nous d'ailleurs de l'échec cuisant de Martine Aubry à la primaire socialiste de 2011, elle qui avait basé son programme sur l'aspiration à une « société du *care* ».

Gilles Boeuf. — On a fondamentalement, viscéralement besoin de la fragilité pour se construire et construire ensemble. Des États ont en effet essayé de l'écarter, de tuer l'apparente fragilité chez les humains, tous ont bien sûr et heureusement échoué. Le règne animal est riche de précieuses leçons. En Ouganda évolue une communauté de chimpanzés auprès de laquelle, au bout d'une vingtaine d'années, nous sommes parvenus à nous faire accepter. À des conditions drastiques : on ne les regarde jamais dans les yeux, on ne les touche jamais, on ne les nourrit jamais (travaux de Sabrina Krief, du Muséum). Malheureusement, ces pauvres chimpanzés sont parfois pris dans des pièges destinés aux antilopes dik-diks, et alors ils peuvent perdre un membre. L'une des femelles n'a plus de pieds ; chaque fois que la colonie parvient à un figuier, elle installe cette femelle au sommet de l'arbre, la laisse manger tranquillement, puis seulement ensuite s'emploie à consommer les vivres. Les chimpanzés « aussi » éprouvent le sentiment d'aller protéger l'autre, de le garder avec eux. Ils ont compris qu'admettre la fragilité participe au grandissement de la population.

Denis Lafay. — La fatuité de l'Homme progressant inexorablement au gré de ses conquêtes scientifiques, technologiques et matérielles, cette interdépendance des communautés vivantes *humaines* et *non humaines* demeure déconsidérée. Commence-t-on toutefois de prendre conscience que notre fragilité résulte pour partie de la fragilisation, elle aussi grandissante, voire exponentielle, dans laquelle nous précipitons les équilibres vivants ?

Gilles Boeuf. — Au rôle que l'humain exerce aujourd'hui – et qui donc convoque sa responsabilité –, j'associe trois fléaux.

Le premier, c'est l'*imprévoyance*. Ce climat dont les changements vont bouleverser nos existences est le résultat d'une incurie chronique : qu'il s'agisse des microcomportements de notre quotidien ou des systèmes macro de production, d'industrialisation, de commercialisation, de transport, de consommation énergétique, on ne se préoccupe pas des conséquences ultérieures de nos actes. Second virus : davantage que l'intolérance, l'*arrogance* – d'ailleurs bien plus présente chez l'homme que chez la femme – qui, associée au troisième poison, la *cupidité*, conduit l'humain à imaginer, initier, créer, fabriquer, répandre l'indicible. Il est impératif de prendre nos distances d'avec ces trois maux si nous voulons réharmoniser l'humain avec la nature.

Que constate-t-on aujourd'hui ? Prenons pour seul exemple l'océan. Bien sûr, contrairement à une forêt ou un étang, on ne peut pas l'anéantir. En revanche, l'homme détruit le littoral. Le littoral exerce un rôle fondamental dans l'évolution du vivant et de l'humanité, puisque c'est là que les espèces marines ont appris à sortir de l'eau et à rejoindre les zones d'eau douce. C'est ici aussi que la vie est sortie de l'eau pour passer à l'air, pour passer des branchies aux poumons ! Or le littoral fait l'objet d'un saccage – immobilier, énergétique, infrastructurel, touristique. Le « spectacle » qu'offre aujourd'hui le pourtour méditerranéen est à ce titre édifiant. Ailleurs sur la planète, tout est surexploitation – des stocks, des productions, des énergies fossiles, de l'eau, etc. –, tout est pollution – des sols, de l'air, et là encore de l'eau… Chaque année disparaissent des forêts tropicales d'une taille comparable à la Grande-Bretagne ! Chaque année, notamment dans l'océan, sont éradiquées des espèces vivantes. Chaque année, des millions de mètres cubes supplémentaires de glacier fondent pour toujours. Chaque année, la dégradation climatique s'accentue un peu plus et menace l'avenir même de populations vulnérables. Et tout ça par la faute de l'Homme… Et d'aucuns contestent encore cette réalité ! La planète change, et cela je l'entends de la bouche autant des *bien modestes* pêcheurs de

Patagonie, éleveurs d'abeilles du Pakistan, paysans d'Ouganda, que des *bien puissants* chefs d'État. La planète change parce que la main de l'homme la change. Ce changement funeste, nous devons l'inverser… et pour cela nous devons nous-mêmes changer. Là résident toute la difficulté et l'enjeu. Nous sommes responsables des dégâts sur la planète, nous avons la possibilité de les stopper. Pour cela, nous devons admettre qu'il existe des limites à notre puissance, et pour souscrire à cet impératif, nous devons juguler l'*imprévoyance*, l'*arrogance* et la *cupidité* qui dictent nos actes. Confucius l'énonçait : lorsqu'on reconnaît l'existence de ses limites, on est davantage capable de bien vivre dans l'espace qui nous est réservé.

Denis Lafay. — Une « nouvelle » réalité, qui convoque des questionnements éthiques, religieux, économiques aussi fondamentaux qu'insolubles, est venue enflammer ce panorama déjà sombre : l'explosion de la démographie, c'est-à-dire aussi le « droit à la vie »…

Gilles Boeuf. — Absolument. Les premiers « Français » de la préhistoire s'installèrent dans une vallée des Corbières. Ils y arrivèrent il y a environ sept cent mille ans et en partirent il y a environ cent mille ans. C'est-à-dire que pendant six cent mille ans ils vécurent là de chasse et de cueillette. Mais comment firent-ils pour continuer d'exister si longtemps dans des conditions (matérielles, hygiéniques, de prédation) aussi hostiles ? Mes homologues paléo-anthropologues ont la réponse : cette population n'était composée que de quelques dizaines d'éléments. Donc *oui*, la croissance exponentielle de la population mondiale, aujourd'hui de 7,6 milliards d'humains et potentiellement de 10 milliards d'ici une trentaine d'années, constitue une équation aux conséquences insoupçonnées. Et, indiscutablement, un élément considérable de fragilisation. Claude Lévi-Strauss jugeait lui-même que l'expansion aussi soudaine de la population non seulement était une cause substantielle de fragilité, mais aussi contribuait au *non-respect* du *non-humain*. Mais par ailleurs, ce n'est pas à cause des femmes africaines qui font « trop de bébés » que nous sommes aujourd'hui dans cette situation environnementale si périlleuse !

Denis Lafay. — Un terme aussi barbare qu'incontournable a fait irruption dans notre vocabulaire et surtout dans la réalité : intelligence artificielle. Ses infinies potentialités cimentent d'ailleurs l'arrogance que vous cristallisez, puisqu'en dépit de l'inconnu auquel elle nous destine, cette intelligence artificielle est brandie comme l'assurance de faire rempart aux menaces qui pèsent sur la planète. Au-delà, est interrogé le sens de l'innovation et du progrès à l'égard de toutes les formes de fragilité…

Gilles Boeuf. — Un excellent article publié en 2018 dans *The Conversation* était ainsi titré : « Intelligence artificielle ou bêtise humaine[1] ? ». Oui, on peut désor-

1. « Que doit-on craindre davantage : l'intelligence artificielle ou la connerie humaine ? », *The Conversation*, 4 janvier 2018, <http://theconversation.com/que-doit-on-craindre-davantage-lintelligence-artificielle-ou-la-betise-humaine-89471>.

mais programmer de futurs robots pour fabriquer de la « bêtise humaine ». Le transhumanisme est une sorte d'informatique augmentée appelée à créer des progrès dans certains domaines. Ce qui, bien sûr, questionne les notions de mutation, de transformation, d'innovation. Et de progrès. Il n'y a pas (eu) de vie sans innovation – cette innovation d'ailleurs mot magique dans l'entreprise, au point qu'il est communément admis que sa vitalité conditionne non seulement l'image, mais la pérennité même de l'organisation. Dès que la première cellule est apparue dans l'océan, elle a innové. La vie innove à chaque instant de chaque jour. Qu'est-ce que la « vraie innovation » ? Elle doit, idéalement, répondre à cinq critères ; elle est un progrès par rapport à avant ; elle consomme l'énergie avec parcimonie ; elle ne produit aucun déchet toxique que le système ne sait pas éliminer par lui-même ; elle crée de l'emploi ; enfin, elle sert à tous. Cette exigence en cinq règles doit être impérativement admise par l'entreprise et plus globalement par le système économique auquel elle est soumise. Car si la mesure de sa performance ne condamne pas les innovations fondées sur l'équation profitabilité-destruction de l'environnement (biodiversité, air, eau), l'économie mondiale est vouée à son suicide et à l'assassinat de l'humanité.

Cynthia Fleury. — Nos échanges sont précisément en train de montrer que la notion de fragilité est corrélée à celle d'invention, elle conditionne l'élévation des niveaux d'humanité, d'inventivité, de résilience d'un système. Finalement, circonscrire la fragilité réclame de l'humilité, car très souvent ce qui est défini comme fragilité se rapporte à une différence établie par rapport à une norme édictée culturellement, socialement, historiquement. Or – et c'est là typiquement darwiniste au sens non caricaturé du terme –, on sait qu'au contraire une compréhension plus juste de nos différences et de la diversité de notre système produit davantage d'intelligence, de stabilité, de durabilité. Dans ce cadre, effectivement, il devient plus aisé de redéfinir le contenu de la « juste performance » de l'entreprise. Et en outre, cela permet d'anticiper. En effet, une organisation employant des individus très différents et qui portent en eux des fragilités substantielles et compliquées, est « obligée » en son sein à une veille, à une observation, à une coopération importantes. Cette coopération nourrit le système, favorise sa cohésion, stimule sa capacité de réactivité, de réorientation, et donc d'anticipation. Cette « contrainte » invite l'entreprise à mettre en place des externalités positives, alors que le système économique est intégralement basé sur les externalités négatives.

Denis Lafay. — Ce transhumanisme que ses promoteurs présentent comme l'antidote aux fragilités, un éclairage philosophique, mais plus encore éthique, s'impose pour juger de ses propriétés.

Cynthia Fleury. — L'idéologie transhumaniste considère que les contraintes limitatives ne sont pas structurelles de l'homme ; c'est ce qui la différencie des philosophies humanistes. L'humanisme qui est le nôtre, l'humanisme de la Renaissance, l'humanisme de Kant considérant que les limites sont constitutives de la puissance humaine, qu'elles n'entament pas cette puissance et au contraire même qu'elles la régulent, lui donnent du sens ; selon le transhumanisme, ces limites doivent être systématiquement dépassées. Bien évidemment, le mouvement de l'histoire et du progrès fait que nous avons dépassé petit à petit ces limites. Mais il y a quand même quelque chose de différent.

Ce sujet n'est pas étranger au problème de la « représentation sociale » de ce qui est fragile. Dans une circonstance donnée, telle fragilité va être considérée, à un autre moment elle sera précisément déconsidérée. Si l'on excepte la dimension génétique de la fragilité (et encore, c'est sans doute un leurre de croire à cette possible définition génétique de la fragilité, au sens de gène pathogène isolé), définir une fragilité en soi n'est guère aisé. Et en réalité, cette définition relève d'une construction sociale. Or dès qu'il y a une construction sociale, il y a de l'interprétation et il y a une possibilité de collaborer. La responsabilité de la force publique énoncée par Axel est fondamentale : au contraire des régimes autoritaires ou fascisants, un État démocratique de droit doit être soucieux de ne pas renforcer les vulnérabilités, et pour cela doit être dans une humilité qui va déterminer la normativité – sa responsabilité est d'émettre des normes – qu'il est appelé à édicter. Enfin, n'oublions pas une précieuse et indiscutable réalité : la fragilité ou la vulnérabilité sont un haut-lieu de générativité de concepts, un haut-lieu d'inventivité, elles nous stimulent non seulement pour nous mobiliser collectivement, mais aussi pour penser, créer, rompre, disrupter afin de « trouver des solutions ». Il s'agit là d'une fonction essentielle dans la résilience du vivant, dans la métastabilité de l'écosystème.

Denis Lafay. — Bertrand Collomb, le développement, impressionnant, des technologies sous toutes leurs formes au cours des siècles et, ces dernières décennies, son accélération n'ont pas apaisé ou colmaté la fragilité des hommes. Et même, toute avancée à la fois jugule des fragilités mais en ensemence de nouvelles.

Bertrand Collomb. — Le débat sur la fragilité connaît aujourd'hui une actualité particulière, liée aux progrès technologiques et notamment aux « promesses » d'éternité ou au moins de surperformance générées par le projet transhumaniste. L'homme est fragile, la société dans son ensemble est fragile, et il est clair que ce foisonnement de progrès technologiques n'a pas fait disparaître les fragilités. Et en effet, chacun d'eux semble en provoquer d'inédites. Les situations de fragilité physique régressent, mais des types nouveaux de fragilité émergent. Le monde n'est pas composé de personnes fragiles et de personnes non fragiles, mais d'individus unanimement fragiles, simplement par des manifestations d'une infinie nuance. La fragilité ne « fait » certes pas la dignité de l'homme, mais elle est une part de nous-mêmes qu'en premier lieu nous devons « accepter ». Ce préalable est déterminant pour employer cette fragilité à bon escient, pour qu'elle nourrisse nos forces. « Accepter » signifie d'abord « ne pas exclure ».

Denis Lafay. — Et c'est là que l'entreprise, par nature prudente, rétive, voire dans certains cas hostile à la fragilité humaine, est interpellée. Dans les organisations notamment multinationales et cotées, l'exigence de performance économique, de profitabilité, souvent à très court terme, peut-elle bien s'accommoder d'une considération de la fragilité – fragilité des salariés, mais aussi de l'écosystème qu'elle vitalise et de l'environnement ?

Bertrand Collomb. — L'entreprise est une communauté humaine. C'est ce qui la définit le mieux. Elle est donc un terrain de relations, de constructions, de solidarités aussi, parce que les salariés doivent être tournés vers un objectif commun. Cette réalité relationnelle et cette communauté d'intérêts doivent être considérées comme l'opportunité d'apporter des solutions aux situations de fragilité humaine… quand bien même, et ce peut être un paradoxe, l'entreprise est avant tout un lieu d'*efficacité* et de *performance*. Évoquer les vertus de la fragilité dans le temple de l'efficacité peut donc sembler délicat…

Denis Lafay. — … mais néanmoins opportun. Que gagne une entreprise à reconnaître puis à mettre en valeur la fragilité humaine ?

Bertrand Collomb. — Dans mon expérience de chef d'entreprise, j'ai toujours été sidéré de constater à quel point l'entreprise était capable – mieux que n'importe quelle autre organisation – de trouver des solutions à des problèmes apparemment insolubles. Or cette efficacité, elle la doit à sa faculté de repérer, de solliciter, d'utiliser *toutes* ses ressources humaines, *toutes* ses intelligences, techniques comme émotionnelles. Et dans *toutes*, il y a bien sûr la part de fragilité, physique ou psychologique, momentanée ou pérenne, que chaque individu porte en lui. Une entreprise a tout à gagner – y compris sur le plan de la performance – à savoir accueillir des collaborateurs en fragilité, à savoir leur donner la capacité de rebondir, à savoir les appuyer afin qu'individuellement ils s'épanouissent et que collectivement ils rediffusent cet accomplissement. Une telle entreprise est moralement meilleure, elle fait preuve d'une responsabilité sociale et surtout humaine qui bénéficie à son ADN autant qu'à sa réputation. Enfin, face aux entreprises qui cultivent l'image héroïque de la toute-puissance, de l'invulnérabilité, de la conquête permanente, les entreprises humaines et humanistes, c'est-à-dire celles qui sont simultanément dans la reconnaissance et la prise en compte des fragilités sont loin d'être dépassées. Bien au contraire. Elles possèdent même un coup d'avance dans la compétition mondiale désormais si âpre.

Denis Lafay. — L'embastillement de l'entreprise dans le diktat de la sacralisation de la performance convoque une longue chaîne de responsabilités…

Bertrand Collomb. — La difficulté de la société à considérer la fragilité n'est pas étrangère à la manière dont celle-ci est présentée, enseignée, diffusée. Et notamment à l'égard du monde de l'entreprise. Les médias ont leur responsabilité, les *business schools* également. Depuis des années on a privilégié une image du chef d'entreprise héroïque, résolu voire brutal, n'hésitant pas à conduire d'une main de fer des changements importants, et toujours sûr de la direction dans laquelle il conduit l'entreprise. Il n'est pas étonnant que les cadres à qui l'on propose ces modèles, ou l'opinion qui les voit encensés par les médias, adoptent cette image « héroïque », alors même que la réalité est plus hésitante, apprenante, et finalement plus humaine. C'est pourquoi j'insiste sur la nécessité de lutter contre ce modèle héroïque de l'entreprise ou de son patron.

Denis Lafay. — Tout cela questionne en profondeur l'exercice du leadership lorsqu'on est aux commandes d'un conglomérat de cinquante mille salariés comme d'une PME de cent. Dans son rapport aux autres – collaborateurs, financiers, actionnaires –, un patron d'entreprise ne peut guère se donner le droit d'exprimer une fragilité personnelle ou en rapport avec l'organisation.

Bertrand Collomb. — Jamais, devant des actionnaires ou des acteurs du marché financier, on ne peut faire part de ses interrogations ou de ses angoisses, ni même seulement les laisser transpirer. Tout ce qui est annoncé, commenté, affirmé doit l'être sans nuance, sans le moindre doute. Cela vaut au sein même des équipes : le chef doit cacher ses questionnements, ses hésitations, ses craintes. Et en premier lieu ses propres fragilités. Cette tendance s'est renforcée au cours des quatre dernières décennies. Depuis le début des années 1980, on assiste à une course à la brutalité, à l'instantanéité, le patron d'entreprise « efficace » est celui qui décide le plus vite, qui voit le plus grand, qui parfois ose le plus indicible. Et cela vaut jusque dans les décisions les plus difficiles ; un chef d'entreprise décrétant un nombre très élevé de licenciements sera héroïsé par le marché. Or l'analyse de l'évolution des entreprises le prouve : ce sont celles qui agissent avec intelligence et respect, qui prennent le temps d'utiliser toutes leurs ressources humaines plutôt que de tailler à la hâte dans les effectifs, qui progressent le mieux sur le moyen terme.

Denis Lafay. — Les rayons des librairies regorgent d'ouvrages promouvant les vertus de la fragilité. Mais la réalité est autre. Tout candidat à un poste en entreprise qui lors de l'entretien révélerait une fragilité qu'il aurait commuée en force serait poliment écarté de la liste des prétendants.

Cynthia Fleury. — Comme l'indique fort justement Bertrand Collomb, il n'y a pas d'un côté les personnes fragiles et de l'autre celles qui sont invincibles. Il n'existe pas une telle dichotomie. La fragilité et l'autonomie, l'autonomie et la vulnérabilité, pour reprendre les termes employés par Paul Ricœur, parcourent l'homme. On convoque la fragilité ou la vulnérabilité dès lors qu'il va y avoir fixation. Fixation précisément dans la vulnérabilité, alors qu'un état de santé physique, psychique et sociale maintient une dialectique, un aller-retour incessant entre la vulnérabilité, la fragilité et la reconquête d'une autonomie – laquelle, généralement, se densifie précisément parce qu'elle a utilisé ce levier de la fragilité. Gilles Bœuf l'a parfaitement expliqué, il s'agit d'un système d'évolution du vivant qui permet à tout individu de se maintenir à un certain niveau de résilience avec lui-même.

Tout fonctionne pour le mieux lorsque nous exerçons cette dynamique de passage. Ce que valorisent en revanche la plupart des entreprises, des managements ou des écosystèmes, c'est une définition nettement plus souple, nettement plus extensive de la fragilité, ou plus précisément de l'autonomie. À partir du moment où il y a fixation, il faut observer si elle réduit considérablement la liberté de la personne – n'oublions pas que notre humanisme est pour partie fondé sur la non-instrumentalisation de la personne. Tout individu qui se sent fixé dans une vulnérabilité constitue en définitive une sorte de boussole qui doit nous réinterroger sur nos systèmes solidaires et sur notre humanité. Car l'enjeu n'est pas de la sceller dans cette fixation, dans cette assignation à résidence qui bien évidemment est déficitaire et génératrice de malheur ; l'enjeu est de l'extraire de cette fixation quitte à en découvrir d'autres, c'est ce qui fait évoluer notre humanité, et c'est pourquoi je partage assez l'idée que la fragilité, son respect, est un test de crédibilité de cette humanité. Et elle doit nous permettre de ne pas basculer dans ce que serait une illusion d'humanisme fondée sur une automatisation, une robotisation tous azimuts bien tentante pour museler ce qui est un moteur de la fragilité, souvent même en est à l'origine : l'émotion. Car oui, compresser les émotions ne serait finalement pas sans intérêt : on ferait beaucoup moins mal à nos âmes, et on assurerait au modèle productif une efficacité inédite. Or bien évidemment, les émotions sont indissociables de notre raison d'être, et de notre cognition tout court, de notre manière d'être, et donc de notre humanité. De fait, le niveau de résilience et de maintien en humanité de tout système est directement lié à sa juste compréhension de la vulnérabilité. Ce qui ne signifie nullement qu'il faut défendre un regard conservateur sur les vulnérabilités, au sens où il faudra les accepter, sans interroger sur leur dynamique.

Bertrand Collomb. — Notre débat le démontre : il n'y a pas d'automatismes autour de la fragilité, c'est-à-dire que la fragilité de quelqu'un ne crée pas *automatiquement* la possibilité de rebondir, elle ne génère pas *automatiquement* de force autour de soi. En revanche, cette double perspective demeure une possibilité, selon l'environnement social et affectif au sein duquel se trouve la personne en fragilité.

L'entreprise est confrontée à cette situation. Des entreprises font le choix de ne pas se préoccuper des fragilités humaines, qu'elles soient à l'intérieur ou à l'extérieur de leurs murs. Et pour exemple, elles préfèrent s'acquitter des compensations financières dictées par la loi plutôt que d'employer des personnes en situation de handicap. Mais bien d'autres entreprises, sensibles non seulement à leurs responsabilités mais au sens humain de leur action, font des choix différents. Elles constatent d'abord que la fragilité des uns peut être celle des autres et même de tous ; et ensuite que ces faiblesses identifiées individuellement ne forment pas une faiblesse collective. Bien au contraire. L'association Astrée que je préside s'emploie à écouter et à accompagner des femmes et des hommes en souffrance, en grande fragilité personnelle et/ou sociale. Il est merveilleux d'écouter ses bénévoles confier les trésors intimes que cette rencontre avec les plus fragiles sécrète au fond d'eux-mêmes. Ils éprouvent notamment le sentiment, capital pour « exister », d'utilité. Nous sommes là pleinement dans la réciprocité. Pourquoi l'entreprise devrait-elle s'interdire cette ambition ? Là encore, il n'y a rien d'automatique ; par leur histoire, leur ADN, leur situation économique et sociale, leur secteur d'activité, leur métier, le périmètre de leur rayonnement, leur taille, leur gouvernance, etc., deux entreprises sont par nature distinctes, singulières, et donc on n'y décrète pas artificiellement une « ambition humaniste ». En revanche, ce qui est universel, c'est que respecter l'Homme et sa fragilité n'est nullement antagonique avec la logique de performance.

Denis Lafay. — Dans cette société qui héroïse la réussite et encense la toute-puissance, faire reconnaître les attributs de la fragilité relève d'un combat homérique. Et pour le moins déséquilibré…

Bernard Devert. — J'entends ceux qui considèrent que la fragilité n'est pas un bien en soi et qu'il ne faut pas en faire un dogme ; mais reconnaissons à la fragilité ses trésors, notamment sa contribution à notre humanité. Un exemple emblématique me revient. Un jour, j'accompagne un malade à l'hôpital. Sa situation est si désespérée que le médecin m'invite à « faire un miracle ». « Docteur, il y a longtemps que le miracle a été accompli. Par vous », lui réponds-je. Il stoppe net, me dévisage, ses yeux s'embuent. « Pourquoi dites-vous cela ? » Alors, je lui confie : « Cette personne malade vous réserve une immense estime. Celle-ci ne résulte pas seulement de votre savoir-faire technique et de votre pouvoir de médecin. Chaque soir, vous vous arrêtez près de son lit, vous lui prenez simplement la main, et vous vous asseyez près d'elle, souvent silencieusement. Ce soin-là permet à votre patient de vivre un passage : celui de découvrir qu'il existe une vraie fraternité, et que cette fraternité nous entraîne bien plus loin que nous ne pouvons l'imaginer. » Quelques jours plus tard, ce médecin me rapportera d'ailleurs que notre échange à inoculé du « sens » dans sa mission. Preuve que la fragilité fait réciprocité entre celui qui l'éprouve et celui qui sait l'écouter, la recevoir.

Denis Lafay. — Dans le cadre de vos différentes actions, vous recueillez une grande somme de témoignages attestant des propriétés lumineuses de la fragilité en tant que lien, que passeur entre êtres humains. Davantage, espérez-vous, qu'une « goutte d'eau dans l'océan » ?

Bernard Devert. — Le monde hospitalier est le principal réceptacle des fragilités. Or, au nom d'impératifs économiques et financiers, organisationnels et managériaux, la réalité – et le personnel n'en est bien sûr nullement responsable – est que le temps des soins se réduit substantiellement. Temps d'accueil, temps d'écoute, temps d'hospitalisation, sont désormais extrêmement courts. Et on constate que les personnes en situation de *très grande fragilité physique* sont souvent l'objet d'une *très grande fragilité psychique*, au premier rang desquelles domine la solitude. Comment faire en sorte qu'il n'y ait pas de double peine ? Que ces personnes ne se retrouvent pas à la rue ? Qu'elles soient entendues, accompagnées, prises en charge ? Qu'il soit possible d'être traité à domicile même lorsque les pathologies sont lourdes, même en soins palliatifs ? À cet effet – très humblement, mais chaque pas, même modeste, n'est-il pas utile ? –, Habitat et Humanisme a construit à Lyon un campus universitaire composé de cent quarante logements ; aux étudiants, il est demandé de prendre soin des locataires fragiles qui sans ce dispositif auraient échoué dans la rue. Éléonore, brillante étudiante de vingt ans et issue d'un milieu social extrêmement aisé, s'est ainsi retrouvée à accompagner Martine, anéantie par des années d'errance. Une « rencontre » est née entre ces deux femmes, une rencontre d'écoutes, de touchers, de sourires, de silences, de confessions, de rires. Une rencontre de fraternité. Éléonore et d'autres étudiants nous ont par la suite adressé une lettre. Ils y faisaient mention d'une révélation ; cette expérience en faisait les acteurs d'une grande école, celle d'*humanité*. Et de conclure leur missive d'une formidable déclaration : « Cette école restera d'humanité tant que nos maîtres seront précisément ceux qui sont touchés par le fragile. » Illustration supplémentaire que la fragilité est source de réciprocité entre ceux qui l'éprouvent et ceux qui la pansent, émetteur et récepteur s'apportent mutuellement, forces, doutes, défaillances de l'un répondent équitablement à ceux de l'autre ; bref, la fragilité *fait* et *est* lien, à partir duquel se diffuse l'humanité des humains. Chaque cas est unique, mais chaque cas essaime autour de lui. Je crois en la propagation du bien par ceux qui le vivent.

Denis Lafay. — « La rencontre de nos aînés est une école de spiritualité et de l'éthique », affirmez-vous. Ces aînés qu'on imagine aujourd'hui moins vulnérables qu'hier grâce aux systèmes de protection sociale, de retraite, d'interconnexions, ces aînés que fragilisent, en réalité, les multiples fractures – liées à la géographie, à la mobilité, aux technologies –, les caractéristiques contemporaines de *hâte*, *d'efficacité*, d'*individualisme*. Et donc la solitude, en premier lieu affective. Hier, ils étaient une chance ; aujourd'hui, à l'ère de l'utilitarisme, cette chance s'étiole…

Bernard Devert. — Que de personnes confrontées au grand âge sont en deuil au regard du vivre-ensemble, considérant qu'elles sont inutiles, jusqu'à se penser comme une charge ! J'aimerais leur dire qu'elles sont une chance nous appelant à mieux nous investir sur les trois valeurs de la République, socle de notre démocratie. *Liberté*, pour imaginer des espaces qui protègent mais restent ouverts ; *Égalité* : le prendre-soin conduit à atténuer les inégalités physiques, psychiques, sociales. Les postures de surplomb sont insupportables pour comprendre que vous nous offrez la possibilité de dépasser nos propres enfermements ; *Fraternité*, s'agissant d'entrer dans une relation où le mystère de l'être est éveil à l'Infini.

Qui n'éprouve pas la joie de dire à nos aînés qu'ils sont une *chance* ? Oui, une *chance*, pour nous aider à sortir de l'idée mortifère de la puissance conduisant à évaluer la personne à l'aune de son utilité, de sa capacité à produire. Faut-il attendre les drames pour s'apercevoir qu'ils sont, pour partie, liés au refus d'accueillir la vulnérabilité ? Une *chance*, pour reconnaître qu'à l'école de l'humanité, nos aînés sont des maîtres. Ils n'ont nul besoin de ces ouvrages qui encombrent et permettent de se cacher derrière un savoir académique. Leur parole est libérée et épurée de par les épreuves qu'ils ont su surmonter pour offrir à la vie l'intelligence du courage et de la bienveillance. Une *chance*, celle d'être les héritiers d'une histoire, jamais indifférente à l'avenir de ceux qui la reçoivent. Une *chance*, enfin, de les rencontrer. Leurs rides ne sont-elles pas trace des aridités traversées ? Leurs visages livrent avec pudeur les combats dont ils sont sortis vainqueurs dans ce passage de la possession à la libération si bien exprimé par cet explorateur de l'esprit qu'est le poète, critique et écrivain René Daumal [1908-1944], dans *Le Mont Analogue* [Gallimard, 1952] :

Je suis mort parce que je n'ai pas de désir ; je n'ai pas de désir, car je crois posséder. Je crois posséder parce que je n'essaie pas de donner. Essayant de donner, on voit qu'on n'a rien. Voyant qu'on n'a rien, on essaie de se donner. Essayant de se donner, on voit qu'on n'est rien. Voyant qu'on n'est rien, on désire devenir. Désirant devenir, on vit.

Ce trésor de vie naît de l'accumulation de la perte des idées toutes faites laissant jaillir des cœurs – non point lézardés mais creusés – une espérance que le temps patine. À la prétention des savoirs, les aînés offrent une richesse inattendue : le temps n'est pas l'ennemi, il est le dévoilement de ce qui, enfoui, s'avère l'essentiel, déjà l'éternel que seule la fragilité révèle.

Denis Lafay. — Dans ce lien qu'elle est capable d'exercer, la fragilité est-elle l'étincelle dans le rapport à l'autre ou est-elle juste un catalyseur ?

Axel Kahn. — Indiscutablement, elle est les deux. Elle est créatrice de lien puisque l'une des raisons d'être des sociétés humaines est de prendre soin des plus fragiles de ses citoyens. Une société – heureusement d'ailleurs chimérique – composée d'êtres mythiques, invulnérables, pourrait peut-être élaborer une construction sociale, mais celle-ci ne saurait nullement revendiquer les caractéristiques qui fondent notre société. Ma conception de l'origine de l'évolution humaine et des sociétés a pour socle le principe de réciprocité – dont Bernard s'est fait, en préambule, le disciple. Celui-ci indique que deux êtres dotés d'un génome humain ont besoin, pour accéder à leur pleine humanité, de s'humaniser l'un l'autre. On ne peut aspirer aux potentialités de son humanité que dans l'interaction, et cette interaction se tisse, s'anime, se concrétise dans le lien de réciprocité. Lorsque, à un bout de ce lien de réciprocité, une personne est victime d'une fragilité particulière, lorsque donc la réciprocité semble pouvoir se rompre, ce principe impose de venir en aide aux personnes fragiles. Un tel lien concentre toute la richesse de l'humanité : l'injonction à tendre la main aux plus faibles la mobilise et la renforce. Une merveilleuse image de l'émotion que crée la fragilité, c'est la considération, universelle, que nous portons aux enfants. Quel qu'il soit, toute mère, tout père, tout vieillard, tout ermite, tout nanti, tout pauvre, tout cynique, tout puissant, est ému devant un enfant. Ils veulent le protéger. Non seulement parce que cet individu en devenir est désormais « l'un des nôtres », mais parce qu'il est intrinsèquement fragile. Vulnérable. La responsabilité de tout individu quoi qu'il puisse être dans son humanité est totalement engagée.

Denis Lafay. — Bertrand, vous avez été président d'une multinationale de plusieurs dizaines de milliers de salariés. Vous êtes aussi un homme de foi. L'exercice de cette fonction professionnelle et l'exercice de cette intimité spirituelle vous ont conduit tour à tour à mettre en harmonie ou en conflit des décisions, des arbitrages. Des situations qui ont pu vous *renforcer* mais aussi vous *fragiliser* ?

Bertrand Collomb. — Affirmer que dans certains cas il n'existe pas de contradictions entre les réalités économiques auxquelles on doit faire face et les désirs d'empathie et de respect des personnes éveillés par des convictions philosophiques ou religieuses, serait bien sûr mensonge. S'il faut produire un pourcentage, disons que dans 80 % des cas, on réussit à concilier ces paramètres. À condition toutefois d'être déterminé à y parvenir. La manière dont on licencie un salarié est un bon exemple. Tout chef d'entreprise est amené, au cours de sa carrière, à mettre fin, individuellement ou collectivement, à des collaborations. Et cela quels qu'en soient les motifs : économique, organisationnel, comportemental, etc. Cet acte, un large éventail de moyens y conduit. On peut dénigrer, mépriser, briser et même détruire la personne dont on se sépare, et alors, en démolissant ainsi sa dignité et son estime de soi, on fait le choix d'accentuer ou d'aggraver la fragilité. Au contraire, on peut traiter cette séparation avec considération, respect, explications, pédagogie, accompagnement, on peut même initier une seconde chance et envisager un rebond à l'extérieur de l'entreprise mieux conforme au rapport forces-faiblesses de l'intéressé. L'une des plus grandes satisfactions dans ma carrière de patron, c'est d'avoir recueilli le témoignage de collaborateurs qui me confiaient avoir rebondi profitablement grâce, notamment, à la manière dont nous les avions considérés et accompagnés leur du processus de séparation. Dans ces moments-là, on éprouve une cohérence particulièrement précieuse entre ses convictions et ses actes, entre ses discours et ses actes, entre les principes de sa foi et ses actes.

Denis Lafay. — Bernard, homme d'entreprise et homme de foi, cette double « identité » vous singularise tout particulièrement. Surtout que votre mission de prêtre vous engage dans une parole, dans des actes *humanistes* qui se fracassent sur les réalités parfois *inhumaines* de l'économie et de l'entreprise. L'Évangile et les règles du commerce mondial ou du marché boursier ne s'épousent guère…

Bernard Devert. — Mon activité consiste à permettre que des hommes, des femmes et des enfants puissent trouver un logement. Aujourd'hui, 5 millions de personnes sont en situation extrêmement difficile, 150 000 vivent dans la rue, nombre d'entre elles sont en fin de vie dans la solitude, le dénuement matériel et affectif, l'indifférence du plus grand nombre. Combien j'aime ce terme, évoqué par Gilles, d'*intranquillité*… Un jour, quelqu'un m'invita à me « ménager ». L'heure n'est pas à se *ménager*, elle est à *manager* des perspectives à partir desquelles nous pouvons sortir de l'indicible : cet *insupportable* que par cécité, confort, paresse, nous *supportons* finalement bien. L'objet de la responsabilité, c'est le fragile, avait tant raison d'affirmer Paul Ricœur. Qu'indiquait-il là ? Que tout fragile est confié à notre garde, à notre soin – comme d'ailleurs nous y invite Cynthia. Ce qui manque à l'économie, ce sont justement des « acteurs de soins » capables d'identifier et de nous alerter sur l'existence de corps – corps individuel, corps social – accablés et que nous devons aider à se redresser, à se restaurer, à repartir.

Le « dur » – et l'économie en recèle un grand volume ! – est compagnon de la mort, et le fragile est compagnon de la vie. Traduit en langage d'entreprise et de management, cela signifie qu'il existe des leaders qui *déconstruisent autour d'eux* et des leaders qui *construisent avec eux*, des dirigeants qui compriment les individualités et d'autres qui les font grandir, des chefs qui exigent la soumission et des chefs qui favorisent l'émancipation et l'accomplissement de soi, des responsables qui divisent et d'autres qui cultivent la solidarité, des patrons avides de réussite et des patrons en quête de sens. Etc., etc. Bertrand l'a bien résumé : l'entreprise peut être à la fois lieu de profit et lieu de partage, lieu d'efficience et lieu d'humanité. Soyons lucides :

le chemin de cette conciliation multiforme est étroit, mais il existe. Et il convoque une question fondamentale : la société doit-elle continuer à davantage considérer l'homme générateur de profit ? L'homme « contributeur », « producteur », « utile » économiquement ? Et les autres alors ? Rien n'est plus fragile qu'une société niant ses individualités fragiles, parce qu'en fonctionnant de la sorte elle sanctuarise l'*entre-soi* au détriment de l'*autre-soi*. Cet autre auquel on ne prête pas attention, cet autre que l'on néglige, parfois que l'on moque et que l'on méprise, cet autre que l'on stigmatise, ostracise, marginalise : comment faire comprendre, dans toutes les organisations et notamment l'entreprise, qu'il est élément capital de toute construction civilisationnelle, de toute espérance de *vivre-ensemble* ? Trouver une place à cet autre devrait constituer l'une des préoccupations les plus fondamentales de nos sociétés, particulièrement en Occident. Cela réclame un effort intellectuel, social, humain, économique, et bien sûr spirituel, extrêmement important.

C'est l'accomplissement, jamais abouti, de cet effort qui participe à ma foi.

Denis Lafay. — Mais après tout, éradiquer la fragilité ne pourrait-il pas constituer un projet de civilisation, une quête susceptible de rassembler universellement ?

Axel Kahn. — Le darwinisme, d'une certaine manière, souligne la stupidité du dessein transhumaniste transgénérationnel. En effet, la fragilité qui est en jeu dans le darwinisme amène à ce que les individus les moins aptes à se reproduire dans un environnement qui évolue en permanence finissent par disparaître. C'est le seul mécanisme de l'évolution. Comment voulez-vous aujourd'hui introduire des modifications soi-disant pour réduire la fragilité dans l'ignorance totale de ce que sera l'environnement sélectionneur demain ? C'est une complète stupidité.

Une société dont on s'efforcerait d'éradiquer la fragilité aboutirait aussi, sans doute, à l'éradication de la société. Rien, d'une certaine manière – chacun l'a ressenti, éprouvé – ne crée autant de fragilité que le sentiment amoureux. Alors, s'il faut éradiquer toute cause de fragilité, éradiquons le sentiment amoureux ! On mesure là toute l'absurdité d'une telle hypothèse. Le souci de la fragilité est ce qui justifie une société humaine. Prenons un exemple dans un domaine qui m'est cher : le handicap [Axel Kahn préside la Firah, Fondation internationale de la recherche appliquée sur le handicap]. À maintes reprises, j'ai affirmé que la loi de 2005 sur les personnes handicapées, la loi pour l'égalité des chances et des droits, pour la participation et l'accès à la pleine citoyenneté des personnes handicapées, constituait l'une des plus grandes lois de la République française. En effet, toute société édicte les règles du jeu. Notre société, en l'occurrence libérale, les fait respecter, mais en aucun cas cela ne saurait suffire. Car ce qui fonde réellement la société, c'est sa capacité à prendre conscience qu'il lui revient de venir en aide aux citoyennes et aux citoyens qui en ont le plus besoin. En d'autres termes : ceux qui sont un peu plus fragiles. Par conséquent, une société qui ne saurait se mobiliser pour les plus fragiles de ses enfants ne pourrait tout simplement pas se stabiliser, se constituer et évoluer en tant que société proprement humaine. Soyons toutefois précis : il ne s'agit bien sûr pas d'estimer que la fragilité est désirable. En qualité de médecin, si je peux éviter à une personne de développer une fragilité immunitaire ou génétique, je m'y emploie. Toutefois, quoique la fragilité en elle-même ne soit pas désirable, elle est ce qui mobilise une société. La fragilité existe obligatoirement, et n'engageons rien qui conduise à éradiquer la fragilité, non désirable mais mobilisatrice.

Gilles Boeuf. — L'image darwinienne de la société capitaliste libérale laissant penser que l'entreprise forte, méchante, agressive, gagne, est totalement fallacieuse. Jamais Darwin n'a porté une telle pensée. Et le monde de la nature l'illustre bien. On ne cesse de dire que la loi des puissants l'emporte sur les faibles, que les costauds dévorent les défaillants, qu'il n'y a pas de « sentiments » ? Pour ne prendre que l'exemple de l'océan, les travaux, considérables, menés sur les relations entre toutes les cellules flottant à la surface démontre qu'il existe incomparablement plus de symbioses d'entraide que de rivalités. Et cela, nous avons pu le mesurer dès l'apparition des premières cellules, il y a environ quatre mille millions d'années. Quand le nombre desdites cellules a commencé à progresser, elles ont privilégié l'entraide à l'adversité. La compétition est une réalité qui n'est pas contestable, il y aura toujours des lions pour chasser les impalas ; mais il y aura toujours plus d'impalas que de lions, car les premiers savent reconnaître un lion repu. Sinon, comme comprendre que parfois lions et impalas cohabitent paisiblement sur un même point d'eau ? Dans le domaine d'Axel, le phénomène des mitochondries n'est-il pas exemplaire ? Des cellules en « captent » d'autres et plutôt que de les dévorer les intègrent à leur évolution. Éradiquer la fragilité signifierait se priver d'une énorme force d'évolution du système, et cette règle vaut pour la totalité du règne vivant. Pour ces raisons, je ne suis pas un anticapitaliste, je suis contre un capitalisme libéral tuant ce qui doit être préservé.

Denis Lafay. — Si la fragilité peut être force, cela sollicite le principe, fondamental, de la résilience. Dans la fragilité, peut-on – et alors comment – féconder, faire éclore puis grandir un substrat nous assurant de nous redresser et de nous reconstruire à l'issue d'une épreuve de vie ? La fragilité est-elle une deuxième chance, possède-t-elle les vertus de cautériser d'autres fragilités ?

Axel Kahn. — On a toujours une deuxième chance, malgré sa fragilité. Ce n'est donc pas la fragilité qui offre une deuxième chance, mais notre humanité. Celle-ci permet de faire face aux conséquences du coup reçu et auquel on était vulnérable, c'est elle qui autorise la transformation d'une fragilité en force. Le cas, inouï, de Stephen Hawking nous le rappelle de manière spectaculaire. Le célèbre physicien a éprouvé la plus épouvantable des maladies : la sclérose latérale amyotrophique, par la faute de laquelle son corps s'est progressivement recroquevillé, délité, effondré. Son corps mais pas son esprit, et c'est ainsi qu'il s'est révélé devenir l'un des plus formidables contributeurs à la théorie cosmogonique. Stephen Hawking a émis l'hypothèse que sans doute les corps noirs, contrairement à ce que l'on pense, perdent du poids parce qu'ils émettent un rayonnement. C'est l'une des grandes conjectures contemporaines dans le domaine du cosmos, et elle provient donc d'un homme emprisonné dans sa chair, cloîtré dans son corps, et qui s'exprime d'une voix artificielle. Un homme dont la force mentale, intellectuelle, émotionnelle et dont la puissance créatrice semblent avoir grandi au fur et à mesure que son corps disparaissait. Illustration de mon postulat : la réponse n'émane pas de la fragilité, mais de l'esprit humain…

Denis Lafay. — À plusieurs reprises dans ce débat, il a été fait référence à « l'intranquillité » – à ce titre, je recommande l'autobiographie de Gérard Garouste :

L'Intranquille [avec Judith Perrignon, L'Iconoclaste, 2009], qui illustre opportunément notre rencontre, puisqu'elle expose, dans le prisme de sa « folie », l'extraordinaire puissance créatrice du peintre et la non moins extraordinaire puissance de son œuvre. À plusieurs reprises également, il a été fait mention de Paul Ricœur. Intranquillité consubstantielle de sa fonction, assistanat du philosophe pour son ouvrage *La Mémoire, l'Histoire, l'Oubli* [Seuil, 2000] : Emmanuel Macron s'invite, naturellement, dans le débat. Dans un livre que nous venons de publier, *Au boulot !* [L'Aube, 2018], le secrétaire général de la CFDT Laurent Berger apostrophe le chef de l'État : « La France est gouvernée par un Président brillant, énergique, en réussite, et qui incarne “les forts” ; je lui demande publiquement d'être “aussi” le Président des plus fragiles. » En prend-il le chemin ? Incarne-t-il ce qui est réclamé à l'État afin que la « cause » de la fragilité progresse dans les consciences individuelles, au sein de la société, finalement au profit d'un meilleur *vivre-ensemble* ?

Axel Kahn. — Les citoyennes et les citoyens dont doivent s'occuper les responsables politiques, au premier rang desquels le président de la République, connaissent de très grandes différences de situation. D'aucuns sont forts en matière de santé, de potentiel génétique, de fortune, de connaissances, d'accomplissement affectif, de satisfaction professionnelle, de reconnaissance sociale. D'autres vivent une réalité diamétralement opposée. Un président – et un personnel politique – qui n'aurait pas pour *dessein principal*, pour *responsabilité prioritaire*, de permettre à tous, mais particulièrement à ceux qui en ont le plus besoin, d'accéder à un plus grand épanouissement, serait un président de bien piètre qualité.

Gilles Boeuf. — Oui, un chef d'État qui ne se préoccupe pas des faibles, des fragiles n'a pas de *raison d'être*. C'est pour son attention à tous et notamment aux plus vulnérables qu'il est élu. C'est, entre autres, ce qui le différencie d'un dictateur qui, une fois au pouvoir, décide que seuls les forts résisteront. Mais toutes les grandes dictatures ne finissent-elles pas un jour dans les limbes ? La définition originelle du vivant nous éclaire. On peut la résumer à une question : « Aujourd'hui, vais-je manger ou serai-je mangé ? » C'est ce que l'on peut qualifier d'intranquillité initiale, l'ensemble « du vivant » est parti de là. Un chef d'État a pour devoir d'assurer à tous non seulement de manger, mais aussi de ne pas être mangé. Au sens propre comme au sens figuré. Pour s'en tenir au seul « sens propre », rappelons que l'espérance de vie en France est de 84 ans pour les femmes et de 78 pour les hommes. Le pays au monde où cette espérance est la plus faible est le Zimbabwe, 46 ans. 46 ans, c'est la durée de vie d'un clochard parisien.

Bernard Devert. — Le président de la République a fait référence à un « premier de cordée ». Le risque est d'initier l'escalade et de lorgner les sommets avec les seuls forts. Une cordée est composée de guides, et ces guides ont pour responsabilité d'amener vers les cimes ceux qui s'en croient écartés ou incapables. Souvent les personnes touchées par la fragilité vous confient : « Personne n'a besoin de notre amitié, personne ne s'arrête jamais chez nous. » L'heure est de nous inviter, tous, à apprendre à porter notre regard sur celui de ces hommes et de ces femmes qui se sentent rejetés et oubliés, à prendre attache avec eux. À entendre *autrement*. Cet *autrement* fera sûrement surgir des blessures inattendues, et donc nécessitera des soins nouveaux ; toutefois je préfère y voir des brèches inédites, des opportunités bienvenues pour l'humanité des individus et pour l'humanité collective. Le président de la République doit exercer sa « part » dans ce projet de société.

Bertrand Collomb. — La problématique du « climat des idées » diffusé au sein de la société est clé. À cet égard, il est impératif que l'image de l'invincibilité, de la toute-puissance et de la suprématie ne soit pas la seule image de la réussite. Pour autant, tout problème dans la société ne peut être résolu par l'État ou une quelconque institution afférente. Quand des bénévoles écoutent une personne en fragilité, l'accompagnent et l'aident à se reconstruire, ce ne sont pas les pouvoirs publics qui agissent. Le président de la République – quel qu'il soit, bien sûr – n'est pas un monarque *régissant tout* ou un sorcier *guérissant tout*. L'enjeu de la considération de la société pour la fragilité concerne la société dans son intégralité. Et si l'entreprise est par nature le lieu de l'efficacité, ce n'est pas le cas du modèle social français dans son ensemble. Remettre le souci de l'efficacité des décisions et des comportements au premier plan est sans doute une condition nécessaire pour que la solidarité puisse s'exercer.

Cynthia Fleury. — Effectivement, il n'y a pas de monopole public ou étatique de la solidarité et de la prise en compte des personnes vulnérables. Pour autant, l'État de droit n'a aucune *raison d'être* si sa normativité n'est pas corrélée non seulement au respect de cette vulnérabilité, mais aussi au refus de stigmatisation de cette vulnérabilité et au renforcement de la capacité de sortir de cette vulnérabilité. Il ne faut pas rester « fixé » dans cette vulnérabilité, et pour cela il faut favoriser la capacité d'auto-soin de la personne, grâce à laquelle celle-ci peut inventer une solution à sa fragilité. Il faut aussi développer l'État de droit au sens très large du terme, *via* notamment l'ensemble des services publics. En effet, l'État de droit a bien plus que la *responsabilité* : l'*obligation* de solidarité à penser ensemble. C'est ce qui fait la singularité de notre régime démocratique.

Alexandre Jollien, le fragile devenu fort

Lors des Rencontres capitales se tinrent quatorze autres tables rondes. À l'une d'elles, titrée « Sciences, croyances et culture : quel débat ! », participa Alexandre Jollien. Son témoignage ne porte pas spécifiquement sur la fragilité, mais il éclaire les réalités de la fragilité puisqu'il émane d'une personnalité *a priori* singulièrement, intrinsèquement fragile, atteinte depuis la naissance d'une infirmité motrice cérébrale. Après dix-sept années passées dans une institution spécialisée en Suisse, il découvre Platon – une « révélation » l'invitant à « vivre meilleur plutôt qu'à vivre mieux » – et obtient une maîtrise en lettres et en philosophie. Ce quadragénaire s'emploie désormais à exercer « à fond les trois vocations que [lui] a données l'existence : père de famille, personne handicapée et écrivain ». Il est notamment co-auteur, avec Matthieu Ricard et Christophe André, du bestseller *Trois amis en quête de sagesse* [L'Iconoclaste, 2016]. Le handicap l'a « ouvert à la vie », confie-t-il. Et donc à cultiver dans l'indicible fragilité le germe d'un accomplissement de soi, d'une exploration multidirectionnelle – de soi vers l'autre, de soi dans l'autre, de soi grâce à l'autre – uniques. Altérité, soin de l'autre, réciprocité, humanité, spiritualité, solidarité, inclusion, fraternité… Alexandre Jollien s'est construit dans certaines des grandes idées diffusées avec sagacité par Axel Kahn, Bertrand Collomb, Cynthia Fleury, Bernard Devert et Gilles Boeuf, il est lui-même l'illustration de leur pertinence.

Denis Lafay

Dieu

Aborder la question de Dieu convoque un nombre de pistes et de questions incalculable. Comme je me considère plutôt comme un « agnostique version croyant », je ne m'installe pas du côté d'un savoir tranché, établi. Je souscris pleinement aux propos du sage tibétain Chögyam Trungpa quand il dénonce le matérialisme spirituel. Se tourne-t-on vers la religion, et plus largement vers la spiritualité, pour trouver des béquilles ? On ne saurait cheminer vers le bouddhisme ou le christianisme comme on pratique la poterie et le macramé, pour chercher un peu de confort. La religion du bien-être a peut-être supplanté la pratique du don de soi. D'où une interrogation : « Qui se pose la question de l'existence de Dieu ? Et qui est, qui serait Dieu ? » Questionnement d'autant plus fondamental dans un monde où l'injustice gagne du terrain.

Notre lien à Dieu, nous enseignent les théologiens, est à la fois ontologique et épistémologique. Comment avancer vers la paix, la plénitude et la joie lorsque chaque matin on se réveille perclus de psychodrames ? Ne peut-on pas être lié ontologiquement à une transcendance tout en étant coupé de celle-ci épistémologiquement ? Il ne s'agit pas d'opposer l'expérience et la foi. Bien au contraire, il convient de lutter contre le mépris qui peut sévir des deux côtés de la foi. Le dédain de l'athée qui associe celle-ci à une démarche névrotique, et la suffisance du croyant qui, du « haut » de son supposé savoir, considère le « mécréant » embourbé dans l'erreur.

Science

Avec les réseaux sociaux, plane le risque de réifier toujours plus l'homme. Facebook, par exemple, est censé réunir des « amis » ; mais ces amis, précisément, seraient-ils toujours à nos côtés en cas de coup dur ?

Notre époque où prospèrent sciences et techniques nous lance un immense défi. Je crois n'avoir jamais vu autant de personnes dormir dans la rue. On peut gloser sur les progrès scientifiques, mais quels en sont les fruits ? À qui reviennent les bénéfices de ces avancées ? Sont-elles équitablement partagées ? Doivent-elles être réservées à ceux qui peuvent se les approprier ? Ne sont-elles pas à la fois le produit et la sève de l'hyperindividualisme florissant ? Où se trouve désormais la place des faibles, des plus fragiles ? Le monde scientifique est confronté à des enjeux éthiques d'une ampleur inédite.

Je ne veux pas jouer les Cassandre, mais demeurons attentifs aux signaux d'alarme. La vie spirituelle nous enjoint de renoncer à toute réification. Exigence, précautions essentielles. Comme Schopenhauer l'a remarqué avec bien d'autres : à la racine de la philosophie se trouve l'étonnement ; or, de quoi peut-on s'étonner aujourd'hui ? S'émerveille-t-on encore devant l'être, devant les autres ? La première préoccupation du touriste qui arrive dans un hôtel est-elle de s'enquérir du charme du quartier, du voisinage, des lieux à visiter, ou fonce-t-il directement à la réception en quête du code wifi ? Heidegger a critiqué l'impact de la technique sur notre mode de vie. Aujourd'hui, mesure-t-on l'influence de l'achat d'un téléphone portable sur notre manière d'être au monde, sur notre relation aux autres ? La science doit être synonyme de joie, de bonheur partagé. Elle ne peut y parvenir que si elle est conduite par une réflexion, que si elle donne un sens et lutte contre les préjugés, les inégalités. Faut-il alors s'étonner que devant la montagne d'angoisses qui nous submerge, sur le mal-être et la solitude qui sont les dégâts collatéraux d'un individualisme forcené, la science ne parvienne pas à nous apaiser et que, bien souvent, elle amplifie notre sentiment d'insécurité ? La technologie imprègne notre manière de vivre, notre façon d'être. Peut-être va-t-elle jusqu'à façonner notre raison d'être…

Différence

Je me suis rendu à deux reprises sous la coupole de l'Institut de France. La première fois, c'était il y a plus de vingt ans, à l'occasion de la remise d'un prix qui venait couronner mon livre *Éloge de la faiblesse* [Marabout, 1999]. Je me rappelle de mon arrivée fracassante. À l'entrée, lorsque j'ai décliné la raison de ma venue, un gardien m'a lancé : « C'est ça… et moi, je suis la reine d'Angleterre ! » L'anecdote est certes infrasecondaire. Je la cite simplement pour évoquer une question des plus fondamentales : quels regards portons-nous sur l'être humain ? La science n'a-t-elle pas pour vocation de nous aider à dépasser tout type de préjugé ? L'impératif de Descartes : « penser par soi-même », ne doit-il pas aussi donner lieu à un travail collectif, politique ? N'y a-t-il pas aussi un enjeu d'éducation ? Combien de temps devrons-nous supporter que les personnes handicapées, que d'autres marginalités, soient absentes des plateaux télévisés ? Combien de personnes avec des singularités croise-t-on dans les lieux de culture ? Qu'on me pardonne de m'exprimer crûment, mais les personnes différentes font partie du paysage. Aujourd'hui, il me faut craindre, dans une société qui cherche toujours davantage la performance, qui se base sur la rumeur, sur les *fake news*, sur l'hyperinformation et bien souvent sur la caricature, que les exclus soient toujours plus mis à l'écart.

Altérité

En évoquant la notion d'intériorité, je ne peux m'empêcher de penser au philosophe et théologien dominicain Eckhart von Hochheim, dit Maître Eckhart [1260-1328]. Avec lui et avec Bergson, nous pouvons opportunément opposer le moi et le fond du fond. Dans notre relation à l'autre, nous donnons très souvent la priorité à ce moi social, aux rôles, aux étiquettes, sacrifiant ainsi au règne de l'utilité. À quoi l'autre me sert-il ? Quelle est son utilité pour ma propre destinée ? Notre exigence pourrait être différente. Aller à la rencontre d'autrui à partir du fond du fond, adopter une démarche, pour le coup scientifique, qui s'oppose au préjugé, oser en permanence la suspension des jugements, cesser de projeter, de réduire l'autre pour déceler le mystère de chaque être humain et refuser de considérer notre prochain à l'aune du calcul. Voilà le grand défi ! Maître Eckhart exhorte à vivre sans « pourquoi » ; quelle prouesse que de se lever le matin délesté des mille objectifs, affranchi de l'esprit de calcul ! Cette quête intérieure, cette gratuité peut envahir des pans entiers de notre existence, y compris dans l'exercice de notre travail. Défi capital aussi que de convertir notre vision de l'éducation. Et plutôt que d'inscrire l'enfant, dès sa prime jeunesse, dans la compétition, favoriser en lui l'intériorité, le goût, la bienveillance pour l'altérité ?

Réciprocité

S'interroger sur ce qui relie aujourd'hui les hommes en évoquant les concerts de rock et les matchs de football, c'est revisiter la nature du lien qui nous rassemble. N'étant spécialiste ni de ballon rond ni de musique, je ne saurais être un expert en la matière. Deux points cependant : d'abord, qu'est-ce qui unit une foule rassemblée dans un stade ? Peut-on parler de fraternité et sur quoi celle-ci est-elle basée ? A-t-on besoin d'adversaires pour faire groupe ? Peut-on envisager une fraternité hors compétition ? Nietzsche parlait des instincts réactifs. Que dire de ce besoin d'adversaires voire d'ennemis qui nous fait si souvent vibrer au détriment des autres ? Sur quoi se fondent aujourd'hui nos communautés ? Conservent-elles les portes et les fenêtres grande ouvertes vers l'altérité ? D'autre part, revisiter ce qui nous rassemble, c'est repérer l'interdépendance que la philosophie bouddhiste révèle à merveille. L'être humain n'est pas une *causa sui*. Nous ne nous donnons pas notre propre être. Le tissu de notre vie participe de cette communion intense qui lie chaque être humain à un autre. Se couper des autres, se replier sur soi, s'isoler, c'est, à mes yeux, s'éloigner du bonheur. Car il est impossible de trouver la joie dans le cadre de notre stricte individualité, qui, par nature, est limitée voire bornée. La joie implique la réciprocité, la considération de l'autre. Sans autrui, nous ne serions riches de rien, pauvres de tout. Sans l'autre, nous ne serions rien, nous ne serions pas. Notre prochain nous éveille. Il nous permet de nous donner, de devenir. D'où mon admiration pour l'ascèse emblématique des scientifiques qui doivent se déprendre d'eux-mêmes pour avancer vers la vérité. À l'heure où tout le monde doit avoir un avis sur tout, ils font l'éloge de la rigueur, de cette discipline intellectuelle, voie royale pour sortir d'une individualité sclérosante. Ils nous rappellent la richesse d'un esprit, d'une âme qui reconnaît l'altérité et y voit une occasion de progrès, qui respecte et honore la singularité de chacun, y compris dans sa fragilité.

Table des matières

Chez le même éditeur
(extrait)

Bilel Ainine, Xavier Crettiez, « *Soldats de Dieu* ». *Paroles de djihadistes incarcérés*

Jean Claude Ameisen, avec Nicolas Truong, *Les chants mêlés de la Terre et de l'Humanité*. Illustrations de Pascal Lemaître

Guy Bedos, Albert Jacquard, *La rue éclabousse*

Guy Bedos, avec Gilles Vanderpooten, *J'ai fait un rêve*

Tahar Ben Jelloun, *Un pays sur les nerfs*

Philippe J. Bernard, Thierry Gaudin, Susan George, Stéphane Hessel, André Orléan, *Pour une société meilleure !*

Lucien Bianco, *La révolution fourvoyée. Parcours dans la Chine du XX*e *siècle*

Jean Blaise, Jean Viard, avec Stéphane Paoli, *Remettre le poireau à l'endroit*

Laurent Berger, avec Denis Lafay, *Au boulot !*

Richard Bouigue, Pierre Rondeau, *Le foot va-t-il exploser ?*

Christian Bromberger, *La Méditerranée entre amour et haine*

Isabelle Cassiers, Kevin Maréchal, Dominique Méda (dir.), *Vers une société post-croissance*

Laurent Chamontin, *L'empire sans limites. Pouvoir et société dans le monde russe*

Bernard Chevassus-au-Louis, *Biodiversité : voir la vie autrement*

Pierre Clastres, *Archéologie de la violence. La guerre dans les sociétés primitives*

Daniel Cohn-Bendit, avec Jean Viard et Stéphane Paoli, *Forget 68*

Pierre Conesa, *Guide du paradis. Publicité comparée des Au-delà*

Ernst-Robert Curtius, *Essai sur la France*

Boris Cyrulnik, *La petite sirène de Copenhague*

Boris Cyrulnik, Edgar Morin, *Dialogue sur la nature humaine* (existe en version illustrée par Pascal Lemaître)

Boris Cyrulnik, Boualem Sansal, avec José Lenzini, *L'impossible paix en Méditerranée*

Boris Cyrulnik, Tzvetan Todorov, avec Nicolas Truong, *La tentation du Bien est beaucoup plus dangereuse que celle du Mal*

Caroline Dayer, *Sous les pavés, le genre*

Caroline Dayer, *Le pouvoir de l'injure*

Jean-Baptiste Decherf, *Le grand homme et son pouvoir*

Antoine Delestre, Clara Lévy, *L'esprit du totalitarisme*

Christine Delory-Momberger, François Durpaire, Béatrice Mabilon-Bonfils (dir.), *Lettre ouverte contre l'instrumentalisation politique de la laïcité*

Éric Dupond-Moretti, avec Denis Lafay, *Le droit d'être libre*

François Durpaire, Béatrice Mabilon-Bonfils, *Fatima moins bien notée que Marianne… L'islam et l'école de la République*

Yassine Essid, *La face cachée de l'islamisation*

Bruno Étienne, *Une grenade entrouverte*

Thomas Flichy de La Neuville, Olivier Hanne, *L'endettement ou le crépuscule des peuples*

Thomas Flichy de La Neuville, *Les grandes migrations ne détruisent que les cités mortes.* Illustrations de Pascal Lemaître

François Flohic, *68 côté de Gaulle. L'aide de camp du Général témoigne*

Jérôme Fourquet, *Accueil ou submersion ? Regards européens sur la crise des migrants*

Martin Gray, avec Mélanie Loisel, *Ma vie en partage*

Félix Guattari, *Lignes de fuite. Pour un autre monde de possibles*

Claude Hagège, *Parler, c'est tricoter*

Malika Hamidi, *Un féminisme musulman, et pourquoi pas ?*

Françoise Héritier, avec Caroline Broué, *L'identique et le différent*

Stéphane Hessel, évocations avec Pascal Lemaître, *Dessine-moi un Homme*

Stéphane Hessel, avec Gilles Vanderpooten, *Engagez-vous !*

Stéphane Hessel, avec Edgar Morin et Nicolas Truong, *Ma philosophie*

François Hollande, Edgar Morin, avec Nicolas Truong, *Dialogue sur la politique, la gauche et la crise*

Nancy Huston, *Naissance d'une jungle*
François Jost, *Pour une éthique des médias*
Jean-François Kahn, avec Françoise Siri, *Réflexion sur mon échec*
Marietta Karamanli, *La Grèce, victime ou responsable ?*
Dina Khapaeva, *Portrait critique de la Russie*
Étienne Klein, avec Denis Lafay, *Sauvons le Progrès*
Denis Lafay (dir.), *Une époque formidable*
Denis Lafay (dir.), *Pour une véritable communauté humaine*
Hervé Le Bras, *Le sol et le sang*
Philippe Lemoine, *Une révolution sans les Français ?*
Soazig Le Nevé, Bernard Toulemonde, *Et si on tuait le mammouth ?*
Franck Lirzin, *Marseille. Itinéraire d'une rebelle*
Mélanie Loisel, *Ils ont vécu le siècle*
Béatrice Mabilon-Bonfils, Geneviève Zoïa, *La laïcité au risque de l'Autre*
Noël Mamère, avec Stéphanie Bonnefille, *Les mots verts*
Claude Martin, *La diplomatie n'est pas un dîner de gala*
Virginie Martin, *Ce monde qui nous échappe*
Virginie Martin, Marie-Cécile Naves, *Talents gâchés. Le coût social et économique des discriminations liées à l'origine*
Dominique Méda, *Travail : la révolution nécessaire*
Éric Meyer, *Cent drôles d'oiseaux de la forêt chinoise*
Éric Meyer, Laurent Zylberman, *Tibet, dernier cri*
Yves Michaud, avec Denis Lafay, *Aux armes citoyens !*

Danielle Mitterrand, avec Gilles Vanderpooten, *Ce que je n'accepte pas*

Edgar Morin, avec Denis Lafay, *Le temps est venu de changer de civilisation.* Illustrations de Pascal Lemaître

Edgar Morin, *Où est passé le peuple de gauche ?*

Edgar Morin, *L'esprit du temps*

Edgar Morin, Patrick Singaïny, *Avant, pendant, après le 11 janvier*

Manuel Musallam, avec Jean Claude Petit, *Curé à Gaza*

Anne Muxel, *Politiquement jeune*

Guido Nicolosi, *Lampedusa*

Pascal Noblet, *Pourquoi les SDF restent dans la rue*

Michel Onfray, *La parole au peuple*

Erik Orsenna, *Les vérités fragiles*

Yves Paccalet, avec Gilles Vanderpooten, *Partageons ! L'utopie ou la guerre*

Jéromine Pasteur, avec Gilles Vanderpooten, *La vie est un chemin qui a du cœur*

Serge Paugam, *Vivre ensemble dans un monde incertain*

Jérémie Peltier, Marlène Schiappa, *Laïcité, point !*

Edgard Pisani, *Mes mots. Pistes à réflexion*

Pierre Rabhi, *La part du colibri* (existe en version illustrée par Pascal Lemaître)

Dominique de Rambures, *La Chine, une transition à haut risque*

Hubert Ripoll, *Mémoire de « là-bas ». Une psychanalyse de l'exil*

Laurence Roulleau-Berger, *Désoccidentaliser la sociologie*

Olivier Roy, avec Nicolas Truong, *La peur de l'islam*

Marlène Schiappa, *Le deuxième sexe de la démocratie*
Marlène Schiappa, *La culture du viol*
Céline Schoen, *Parents de djihadiste*
Youssef Seddik, *Le grand malentendu. L'Occident face au Coran*
Youssef Seddik, *Nous n'avons jamais lu le Coran*
Youssef Seddik, avec Gilles Vanderpooten, *Tunisie. La révolution inachevée*
Ioulia Shukan, *Génération Maïdan. Vivre la crise ukrainienne*
Philippe Starck, avec Gilles Vanderpooten, *Impression d'Ailleurs*
Benjamin Stora, avec Thierry Leclère, *La guerre des mémoires. La France face à son passé colonial*, suivi de *Algérie 1954*
Philippe Subra, *Zones À Défendre*
Pierre-Henri Tavoillot, *Faire ou ne pas faire son âge*
Alain Touraine, avec Denis Lafay, *Macron par Touraine*
Michel Troisgros, avec Denis Lafay, *La joie de créer.* Illustrations de Pascal Lemaître
Nicolas Truong (dir.), *Philosophie de la marche*
Nicolas Truong (dir.), *Le crépuscule des intellectuels français*
Nicolas Truong (dir.), *Résister à la terreur*
Nicolas Truong (dir.), *Résistances intellectuelles*
Pierre Veltz, *Paris, France, monde*
André Versaille, *Les musulmans ne sont pas des bébés phoques*
Jean Viard, *Une société si vivante*
Jean Viard, *Chronique française. De Mitterrand à Macron*
Jean Viard, *Le triomphe d'une utopie*

Jean Viard, *Nouveau portrait de la France*
Patrick Viveret, *Reconsidérer la richesse*
Julien Wagner, *La République aveugle*
Patrick Weil, *Être français* (existe en version illustrée par Pascal Lemaître)
Yves Wintrebert, Han Huaiyuan, *Chine. Une certaine idée de l'histoire*
Emna Belhaj Yahia, *Tunisie. Questions à mon pays*
Mathieu Zagrodzki, *Que fait la police ? Le rôle du policier dans la société*
Jean Ziegler, avec Denis Lafay, *Les murs les plus puissants tombent par leurs fissures*

Pour limiter l'empreinte environnementale de leurs livres, les éditions de l'Aube font le choix de papiers issus de forêts durablement gérées et de sources contrôlées.

Achevé d'imprimer en octobre 2018
sur les presses de l'imprimerie Printcorp
pour le compte des éditions de l'Aube
331, rue Amédée-Giniès, F-84240 La Tour d'Aigues

Numéro d'édition : 3090
Dépôt légal : novembre 2018
N° d'impression : 18100073

Imprimé en Europe